D0878601

Un vaquero cruza la frontera en silencio

Un vaquero cruza la frontera en silencio

DIEGO ENRIQUE OSORNO

LITERATURA RANDOM HOUSE

Un vaquero cruza la frontera en silencio

Primera edición: junio, 2017

D. R. © 2011, Diego Enrique Osorno González
All rights reserved

D. R. © 2017, derechos de edición mundiales en lengua castellana:
Penguin Random House Grupo Editorial, S. A. de C. V.
Blvd. Miguel de Cervantes Saavedra núm. 301, 1er piso,
colonia Granada, delegación Miguel Hidalgo, C. P. 11520,
Ciudad de México

www.megustaleer.com.mx

Penguin Random House Grupo Editorial apoya la protección del *copyright*.
El *copyright* estimula la creatividad, defiende la diversidad en el ámbito de las ideas y el conocimiento,
promueve la libre expresión y favorece una cultura viva. Gracias por comprar una edición autorizada
de este libro y por respetar las leyes del Derecho de Autor y *copyright*. Al hacerlo está respaldando a los autores
y permitiendo que PRHGE continúe publicando libros para todos los lectores.

Queda prohibido bajo las sanciones establecidas por las leyes escanear, reproducir total o parcialmente esta
obra por cualquier medio o procedimiento así como la distribución de ejemplares
mediante alquiler o préstamo público sin previa autorización.
Si necesita fotocopiar o escanear algún fragmento de esta obra diríjase a CemPro
(Centro Mexicano de Protección y Fomento de los Derechos de Autor, http://www.cempro.com.mx).

ISBN: 978-607-315-492-5

Impreso en México – *Printed in Mexico*

El papel utilizado para la impresión de este libro ha sido fabricado a partir de madera procedente
de bosques y plantaciones gestionadas con los más altos estándares ambientales, garantizando
una explotación de los recursos sostenible con el medio ambiente y beneficiosa para las personas.

Penguin
Random House
Grupo Editorial

Para Nelly, Martha y Carlos,
con quienes conocí el mar, en Veracruz

Para mi hijo Marcos,
que lo conoció conmigo, en Sonora

—¿Por qué siempre estás viendo el río, Dolores?

—No lo veo: lo oigo.

—¿El ruido del agua en las piedras?

—No. Lo que trae el agua: voces que vienen desde muy lejos.

—Yo no oigo nada.

EDUARDO ANTONIO PARRA, *La piedra y el río*

—Un pobre vaquero solitario que regresa a su casa, que es la maravilla.
Hacer aparecer las nuevas sensaciones —Subvertir la cotidianeidad.

ROBERTO BOLAÑO, *Primer Manifiesto Infrarrealista*

Alfabeto de lengua de señas mexicano

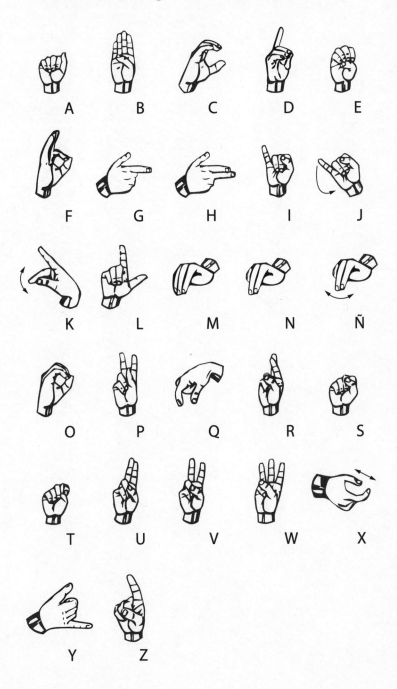

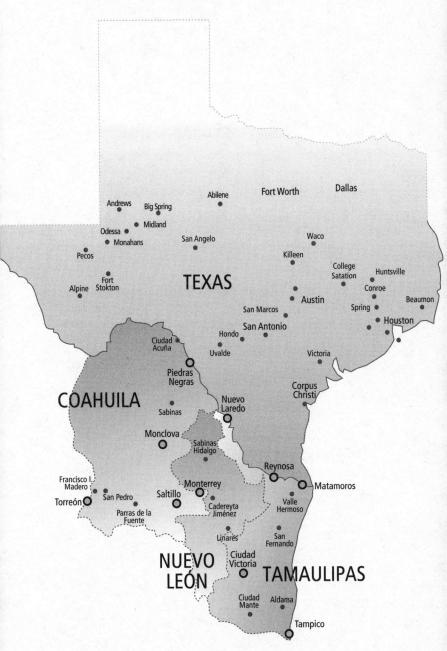

Mapa de la región noreste de México y del sur de Estados Unidos

CERO

Madre arroja la panza de la vaca y salta el agua hirviente de la olla de peltre azul. Lanza una pequeña cosa deforme que debe ser la pata de la res. Vienen luego los tomates, el romero, la yerbabuena, el ajo y el orégano. *Casa* tiene una fragancia de especias los fines de semana. Cuando percibo el aroma de ciertos condimentos naturales suelo recordar la crisis económica de diciembre de 1994 en México.

Padre se levanta temprano y vacía el cocido de la olla en platos de hielo seco. Los mete con mucho cuidado en el carro, como si fueran un tesoro recién desenterrado: que no se derrame ni una gota, que no se caiga ninguna piedra preciosa, que el menudo, la sopa de estómago, llegue a salvo a su destino.

En Monterrey suele comerse barbacoa los domingos, pero los amigos de *Padre* son amigos de a de veras. Las mañanas de los domingos de 1995 en lugar de comer barbacoa, prueban el menudo que le compran a *Padre*.

Entre semana, *Madre* mete otras cosas a la olla que siempre parece tener agua hirviendo. Mete pollos, mete arroces, mete axiote, mete verduras. Después *Padre* los acomoda entre los delgados recipientes y el destino de los platillos ahora queda más cerca que las alejadas casas de sus amigos. Va uno para la vecina de junto, otro para la de enfrente, para los de la vuelta, para el que se acaba de cambiar a la cuadra, para la señora enojona que poncha pelotas de futbol y para las amigas de *Madre*, que también son sus amigas de a de veras.

La cocina de *Casa* es la cocina del barrio. En el noreste de México no hay fondas. No se usa la palabra fonda. Pero *Casa* es una fonda. Una fonda que ofrece servicio de comidas a domicilio. De haber tenido un nombre, la fonda se hubiera llamado Comidas Martha.

El tema de todos los días en la fonda es *Casa*. Sí, *Casa* es al mismo tiempo la fonda, pero *Casa* es también otra cosa que nada tiene que ver con las paredes y los techos entre los que transcurrió mi infancia y adolescencia. Entonces, la palabra *Casa* remite a problema. *Casa* significa incertidumbre, banco, riesgo, mal, desempleo, pelea y, sobre todo, una extraña y muy agresiva palabra: *Hipoteca*. *Hipoteca* es la palabra que nadie quiere oír, decir, en *Casa*.

Alguna avanzada civilización del futuro habrá de conseguir borrar esa palabra de los diccionarios. Pero en aquel año, la palabra *Hipoteca* está ahí, en el habla de todos los días, aunque se pronuncie poco.

La olla hirviendo de *Madre* desafía a la palabra *Hipoteca*, los platos de hielo seco de *Padre* desafían a la palabra *Hipoteca*; sin embargo, en estos tiempos de crisis (se dice que todo por un «error de Diciembre» que devaluó el peso y mandó al cielo las tasas de interés) la palabra *Hipoteca* es muy poderosa. No se le gana con el aroma del orégano ni con amistades de a de veras.

Para que la palabra *Hipoteca* nos deje tranquilos hace falta algo más.

Un día *Tío* envía quince mil dólares desde algún lugar de Estados Unidos. Ese día la palabra *Hipoteca* pierde una batalla y deja en paz a *Casa*.

Tío es un vaquero que cruza la frontera en silencio. Se llama Gerónimo González Garza.

Prometí que alguna vez relataría su historia.

ﬣ

UNO

Desmontaron. Amarraron los caballos alazanes bajo la sombra del mismo árbol. Caminaron. Cada uno con su escopeta. Hablaban en voz baja con frases parcas. Ojos negros alertas de Magdaleno y ojos café claro alertas de Gerónimo. Media hora, unos kilómetros después, no encontraban a qué animal disparar, no se veía ningún alma. Ni siquiera una tarántula.

El viento caluroso resecaba la vida en el monte.

Se despegaron para tener más posibilidades de que apareciera la buena suerte mientras exploraban. Pasó un rato y se oyó al fin el primer disparo de la cacería. El único disparo. Magdaleno corrió a mirar entre el matorral, pero en vez del animal vio tirado el sombrero de Gerónimo. Se quedó de piedra. La faz se le ensombreció: Gerónimo estaba hincado y tenía un orificio de bala en el cuello. Sangraba y estiraba el cuello como un gallo mudo. Murió pronto.

Magdaleno volvió a buscar al caballo. Lo desató y después fue a entregarlo, junto con el sombrero y el cadáver aún tibio de su mejor amigo. Contó con detalle lo que había pasado y dijo que podían hacer con él lo que quisieran. No se trataba de uno de esos hombres de mala entraña. La familia González desterró a Magdaleno de Sabinas Hidalgo, Nuevo León. No se le volvió a ver nunca más. Algunos dijeron que cruzó por el río Bravo a Estados Unidos y luego, luego se colgó en un mezquite del rancho ganadero de Texas donde empezaba a trabajar como peón.

Pasaron los años.

El 24 de mayo de 1953, en su casa en los alrededores de la terminal camionera de Monterrey, María de Jesús Garza alumbró a un bebé de poco más de dos kilos, con mucho pelo cuando se apareció por el mundo, rojo de sangre, y con ese fulgor con el que llega cualquier ser humano recién parido. Al bebé le cortaron el ombligo y se lo enterraron cerca de donde nació. El padre, Guadalupe González, estaba contento de que fuera varón. Quería uno para ponerle el nombre de Gerónimo, como se llamó su hermano muerto de forma trágica por una bala salida del rifle de su mejor amigo.

DOS

Gerónimo gatea unos segundos y luego se desploma. Es un bebé vivaz que, sin embargo, en ocasiones parece distraído. Pasa algo raro y sus padres creen saber qué es, pero deciden llevarlo al hospital para enterarse. Madrugan y los atiende un médico del Seguro Social. Examina al bebé, le toca la nariz, los sobacos, las piernas, el pene, las manos y los pies hasta detenerse en las orejas. Habla frente a él con distintos tonos, graves y agudos. Después se pone serio y pide a los papás que vayan a un laboratorio para que le practiquen estudios del oído a Gerónimo.

Diez días después regresan.

El médico los recibe con la misma voz seria de la otra vez. Pero ahora la usa para darles la noticia de que según los estudios de audiometría Gerónimo no escucha ni va a escuchar nunca, que cuando mira las cosas no tiene conciencia del sonido: es sordo profundo. Todo será para él una película muda. Van a tener que hablarle con las manos para que no se vuelva loco, como mímica. Le van a mostrar que no hay que comer con la boca abierta, o que cuando quiera beber leche tiene que indicarlo con su manita. Ellos lo harán. El pequeño Gerónimo los verá y esperarán a que los imite. Hay que tener paciencia. No es cualquier cosa: deberán crear un lenguaje propio para comunicarse. Así le tendrán que ir mostrando la vida.

Los padres escuchan los consejos del médico. Más o menos saben lo que tienen que hacer. Graciela, otra de sus hijas, también vino sorda al mundo. Cuando Graciela nació investigaron un poco y se enteraron de que en la familia González hay más sordos de nacimiento, por lo menos desde dos generaciones atrás.

Debido a la sordera profunda, el pequeño Gerónimo también será mudo, no podrá usar la cuerdas vocales de su laringe para producir sonidos, aunque éstas no se encuentran dañadas. Todas las personas que nacen sordas no pueden hablar, porque no conocen ni conocerán nunca el sonido: es algo que para ellos no existe.

Si el pequeño Gerónimo pudiera oír, antes de los dos años de edad le ocurriría el fascinante proceso de creación de su voz. Un día cualquiera empezarían a brotar de su boca sonidos escuchados a su alrededor. La voz surge de la imitación y de un trance natural que comienza con la respiración, recorre luego los bronquios y la tráquea hasta llegar a la laringe, donde las cuerdas vocales (que en realidad no tienen forma de unas cuerdas, sino de unos labios) producen un sonido que se amplifica de acuerdo con la forma particular de cada nariz, boca y lengua.

La voz del pequeño Gerónimo, aunque está dentro de él, permanecerá prisionera.

TRES

El papá de los pequeños Gerónimo y Graciela se llama Guadalupe González. Trabaja de lunes a viernes en Tráilers de Monterrey, S.A. de C.V. La pequeña empresa tiene un galpón en el que atracan todos los días camiones ruidosos provenientes de Estados Unidos. En la carga llevan aceitosas transmisiones de coches, equipo médico obsoleto, cables multicolores descarapelados, tubería hidráulica rota, muebles hechos pedazos... El trabajo de Guadalupe es pesar la chatarra y regatear lo más que pueda el pago con los chatarreros.

La mamá de Gerónimo y Graciela se llama María de Jesús Garza. Trabaja preparando chorizo rojo que vende en el barrio de Monterrey donde viven. Antes habían pasado largo tiempo en Rancho Nuevo, un ejido de Los Ramones, Nuevo León, a unos ciento cincuenta kilómetros al norte de la ciudad, donde construyeron una casa principal con adobe, levantaron unos establos de madera para el puñado de reses y cabritos que tenían, y consiguieron láminas para hacer corrales angostos en los que criaban cerdos.

La agricultura no era buena idea. Aunque se trataba de una buena porción de tierra que María de Jesús heredó, ésta tenía el suelo fracturado, de esos que no se dejan sembrar con facilidad.

Tras el nacimiento de más hijos y las dificultades de la modesta vida ganadera, sin fastidio ni iras cultivadas, Guadalupe y María de Jesús decidieron emigrar a la ciudad, con la esperanza de regresar algún día a Rancho Nuevo y hacerlo funcionar como un auténtico rancho.

CUATRO

Una vez instalado con toda su familia en Monterrey, los fines de semana, para completar los gastos de la casa, Guadalupe recorre en una *pickup* Ford guinda las dos horas de camino a Rancho Nuevo, acompañado por un paisaje solitario, un mezquite aquí, otro por allá. Ahí mata cerdos que luego comercia en la ciudad.

La hoja del cuchillo se mueve con delicadeza sobre la piel rosa recién mojada con agua hirviendo. Los cerdos tienen una carne blanda y jugosa; la de las hembras suele ser dura al momento de morir debido a que sobreviven un poco más de tiempo porque paren puercos y más puercos. A Guadalupe, su pequeño hijo Gerónimo lo ayuda acomodando en una vasija los intestinos que sustrae del animal. La rara ternura del sacrificio: el papá de Gerónimo está tranquilo y concentrado, no debe *dañar de más* el estómago del puerco.

Los cerdos machos de crianza empiezan la cuenta regresiva de sus fugaces y monótonas vidas en Rancho Nuevo cuando llegan a los noventa kilos. A partir de ese momento, que suele equivaler a los seis meses de vida, la muerte está muy cerca, ronda. Que un cerdo viva más de un año es tan raro como un eclipse de luna. El ritual de su muerte comienza cuando los sacan del corral y se les deja de dar sorgo o cualquier otro alimento durante catorce horas. Una vez pasado ese lapso, Guadalupe lo deja inconsciente con el golpe de un mazo en el cráneo (todavía no existen esas crueles pistolas aturdidoras o pinzas eléctricas de las granjas industriales). Tras el golpe, el cuerpo del animal se desploma al instante. Un edificio hecho estallar se derrumba en cámara lenta y un cerdo sacrificado cae como rayo. A uno lo sostienen varillas y cemento, al otro, energía. Después de que el animal cae de manera súbita, Guadalupe lo desangra cortándole las venas y las arterias a la altura del cuello. Sangre fluye a borbotones hacia una vasija que vigila Gerónimo.

El temperamento en el campo ante la sangre no es el mismo que en la ciudad.

A continuación, en tan solo unos minutos, el cuerpo del animal queda desmembrado. El cerdo ya no tiene cabeza ni cola ni patas ni vísceras ni órganos. De hecho, para ese entonces, ya no se llama cerdo: le dicen canal. A *canal* lo cuelgan para que se seque, antes de que sea llevado a la ciudad para terminar embolsado como el chorizo rojo que vende María de Jesús en la colonia Terminal de Monterrey.

Pero si es el cumpleaños de alguno de sus hijos u otra fecha en verdad especial, Guadalupe mata una de las vacas o de los cabritos que comen en los raquíticos pastizales del rancho. De la panza de la res sale mucha barbacoa y un menudo que les dura varios días y los pone contentos a todos.

En ocasiones, en lugar de matar a los animales en Rancho Nuevo, el sacrificio se hace en la casa de Monterrey. No es raro que aparezcan cabritos muertos tendidos en el patio de la pequeña vivienda, como si fueran ropa recién lavada esperando a secarse.

CINCO

Los seis hijos de la familia González Garza son María de la Luz, Graciela, Teresa, Gerónimo Guadalupe y Martha. Gerónimo es el que colabora más con las matanzas de los fines de semana; sus hermanos estudian y su otra tarea es ayudar en la venta del chorizo. Tratan a Gerónimo con normalidad. Se tuercen para jugar con él al *burro bala va*, corren para las escondidas o brincan la bebeleche. Gerónimo pasa así su infancia, sin saber el lenguaje de señas. Tampoco sus padres ni hermanos. Toda la comunicación que hay es moviendo las manos o haciendo gestos. La voz de Gerónimo no emite sonido alguno pero se ve. En su casa, se usa ese alfabeto del silencio creado por ellos. Los padres de Gerónimo no le imponen el mundo de los que sí oyen, tratan de entender el suyo. Es una familia normal, alegre, con vitalidad.

No es raro ver a Gerónimo con su pantalón de mezclilla ensangrentado, después de pasar todo el día con su padre en el improvisado rastro casero. Matar a un chivo es arduo: primero hay que ponerlo quieto, después enterrarle un cuchillo en la yugular, dejarlo que muera entre los grititos que lanza, colgarlo para que le escurra todo el chorro de sangre en una vasija, sacarle las tripas con las manos y quitarle el pelaje.

Hay un sábado en que Gerónimo mata solo, sin ayuda de su padre, los dieciocho chivos que se comerán los invitados de una boda por celebrarse esa misma noche en Monterrey. Tiene diez años.

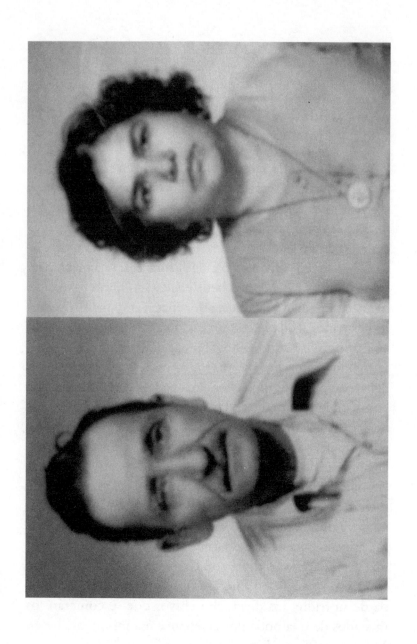

SEIS

Alguien tocó la puerta cierta noche del verano de 1965. Guadalupe salió a ver. El visitante era un joven veinteañero que le acercó una tarjeta blanca en la que se veían muchas pequeñas manos dibujadas de diferentes formas. Era el abecedario del lenguaje de señas. Al reverso un mensaje de texto: «Soy sordomudo. Te pido una cooperación para mi escuela». El padre de Gerónimo sacó un poco de morralla y se la dio al muchacho. Guardó la tarjeta y a la tarde siguiente llevó a su hijo a la dirección que venía en ella.

La escuela estaba sobre la calzada Madero, una de las avenidas importantes del antiguo Monterrey, a la que por las noches le brillaban elegantes farolas encendidas y la animaba el sonido de la cumbia. El domicilio marcado en la tarjeta era una casa grande donde se enseñaba el lenguaje de señas, el idioma que la *Enciclopedia Británica* define como «una especie de escritura de imágenes en el aire». La casona tenía pocas ventanas, tres habitaciones y un área común espaciosa donde se había acondicionado en 1951 la primera escuela para sordos del noreste de México. Al entrar daba la bienvenida un cartel con la definición griega del hombre: *zoon lógon éjon*, animal provisto de la palabra, así como fotos de un luchador sordo que por esos años compartía el cuadrilátero, de vez en vez, con El Santo o Blue Demon. Se llamaba El Prisionero. También había imágenes de David *Sordomudo* Rodríguez, otro artista del pancracio con una voluntad de hierro, aunque menos conocido que El Prisionero. El Prisionero era el nombre que había elegido Raúl Fuentes, nacido con sordera en el Distrito Federal el 3 de diciembre de 1936, para dedicarse a la lucha libre profesional.

En los setenta, El Prisionero abandonó los cuadriláteros y se convirtió en un intelectual sordo mexicano. Raúl Fuentes escribió una decena de libros sobre el lenguaje de señas nacional y se dedicó al teatro y a la pintura. Por su trabajo dramatúrgico fue premiado y reconocido, sobre todo en Noruega y Dinamarca, donde las redes escandinavas de sordos lo recibieron como uno de los más grandes artistas sordos latinoamericanos. Por lo menos veinte señas del Lenguaje Mexicano fueron inventadas por él, un luchador espiritifláutico que acabó siendo el pez guía en las turbulentas navegaciones de la comunidad sorda mexicana que trataba de abrirse paso.

SIETE

La escuela de la calzada Madero estaba afiliada a la Agrupación Mexicana de Sordo-Mudos, A.C. Su símbolo era una ardilla. El movimiento incesante de las manos del simpático roedor come nueces le pareció al profesor Abel Sauza similar al de los sordos durante sus tertulias, y por ello se empleó como logotipo. Fue el profesor Sauza quien involucró a Gerónimo en las actividades de la escuela. El lugar funcionaba al mismo tiempo como agencia de trabajo. Los jóvenes sordos que recorrían los populosos barrios regiomontanos pidiendo dinero para la escuela estaban atentos por si veían a más sordos y los invitaban a integrarse a la naciente comunidad que trataba de organizarse, convenciéndolos a ellos, o a sus familiares, de que sus vidas podían estar sujetas a un destino mayor.

Entre otras actividades, los estudiantes sordos, una vez que aprendían a comunicarse con el lenguaje de señas, formaban equipos de futbol y competían en torneos amateurs; o bien, salían en grupo a conocer otras ciudades de México en las que vendían llaveros, plumas o juguetes que ofrecían junto con tarjetas con frases con señas como «Te quiero» (mano derecha con dos dedos doblados que hacen una especie de cuernos y se coloca en el pecho, a la altura del corazón) o «Dios te bendiga» (mano izquierda y mano derecha simétricas en forma de cuernos).

Los profesores presentaban estos viajes a los padres como una forma de integrar a sus alumnos con el mundo, aunque incluían una lógica mercantil, ya que una parte de las ventas iba para la escuela y otra, menor, se la quedaban los propios jóvenes sordos emprendedores.

No se trataba de lobos detrás de un rebaño de ovejas. Era en verdad un proyecto solidario.

OCHO

Gerónimo hizo su primer viaje fuera de Nuevo León a los catorce años, como parte de los tours de trabajo organizados en la escuela de la calzada Madero. Fue como ir a otro planeta: el asfalto interminable de la hinchada urbe del Distrito Federal contrastaba con el terregal en el que había crecido, tanto en Rancho Nuevo como en Monterrey. Ahí pasó cuatro meses. Hizo visitas cortas a Guanajuato, Puebla y Aguascalientes. Conoció a sordos chilangos que tenían fama de ser abusivos con los de provincia, pero algunos se convirtieron en buenos amigos durante el tiempo que pasó en la capital. Participó en una protesta en la que se exigía cesar la discriminación de los sordos mexicanos y se demandaba proveer de mayor apoyo económico a la Escuela Nacional de Sordos. Le tocó estar en la vanguardia de la manifestación que comenzó en la Alameda, a la altura del Mausoleo a Benito Juárez, y que siguió hacia la calle Madero, por el Sanborns de los Azulejos, hasta llegar al Zócalo.

La Escuela Nacional de Sordos fue fundada en 1867 por el maestro sordo francés Édouard Huet. Se trata de una institución muy importante en la historia de los sordos latinoamericanos.

En la hemeroteca de la Universidad de La Habana hay un ejemplar de la *Revista Universal de Política, Literatura y Comercio*, fechado el 30 de noviembre de 1875, en el cual aparece una crónica titulada: «Escuela Nacional de Sordomudos de México». El autor que la conoció, a finales del siglo XIX, es José Martí, y el artículo que escribió, tras la visita, comienza así:

Las sombras tienen sus poemas, el espíritu sus conmociones, y la compasión sus lágrimas. Todo esto se siente, y muchas cosas se aman, ante esos seres abrazados por su propia luz, sin sentidos con que transmitirla, ni aptitudes para recibir el calor vivificante de la ajena. Nacidos como cadáveres, el amor los transforma, porque la enseñanza a los sordomudos es una sublime profesión de amor. Se abusa de esta palabra sublime; pero toda ternura es sublimidad, y el sordomudo enseñado es la obra tenaz de lo tierno. La paciencia esquisita, el ingenio excitado, la palabra suprimida, elocuente el gesto, vencido el error de la naturaleza, y venceder sobre la materia torpe el espíritu benévolo, por la obra de la calma y de la bondad. El profesor se convierte en la madre: la lección ha de ser una caricia; todo niño lleva en sí un hombre dormido; pero los sordomudos están encerrados en una triple cárcel perpetua. Inevitablemente las lágrimas se agolpaban a los ojos en el examen de sordomudos de antier. Hay en la escuela un niño, Labastida, de cabellos negros y brillantes, con los ojos vivaces de candor, la frente espaciosa, la boca sonriente, la expresión dócil y franca. Escribía con notable rapidez definiciones de ciencias; llenaba su pizarra velozmente; pedía más que hacer cuando los demás no habían concluido todavía. Labastida tiene doce años, y como la luz de su alma está comprimida, lleva toda la luz en su rostro, y su cara infantil es hermosa, animada y brillante. Seduce ese niño: invita a abrazarlo. A su lado trabajaba Ponciano Arriaga, hijo del hombre ilustre que incrustó principios de oro en la hermosa Constitución mexicana. Arriaga cumplirá pronto dieciocho años. Tiene todos los conocimientos de la instrucción primaria; expresa fácilmente los pensamientos que concibe; estudia botánica bajo la hábil dirección de Mr. Huet; resuelve problemas complicados de aritmética superior; dibuja con pureza de contornos, y con delicadeza y morbidez de sombras. Tiene la frente espaciosa, y como que desciende en ademán pensativo sobre sus ojos pequeños y animados: su nariz aguileña y sus labios finos revelan una distinción natural. Dicen que Arriaga tiene una extraordinaria facilidad de comprensión; y en verdad, aquella frente parece hecha para soportar graves pensamientos. Otro niño resuelve, al lado de éstos, problemas de aritmética, con rapidez que aun en niños dotados de todos sus sentidos llamaría la atención. Es Luis Gutiérrez el alumno más aventajado en cálculo. Su frente voluminosa se levanta en curva desde sus ojos investigadores y severos hasta su cabello abundante y rizado. Es un niño grave, en que se presiente al hombre.

Sin quererlo, somos injustos.

Gerónimo fue sólo un par de veces a la Escuela Nacional de Sordos, a reuniones convocadas por el grupo con el que llegó a la capital. Su viaje al Distrito Federal estaba lejos de las aulas y de tener como objetivo recibir la enseñanza de los sordomudos, «esa sublime profesión del amor».

El Monumento a la Revolución Mexicana era el sitio preferido por Gerónimo para vender llaveros. Los turistas se portaban generosos, sobre todo los parroquianos vespertinos de las cantinas aledañas. En cambio, en las oficinas vecinas de la Dirección Federal de Seguridad (DFS), si bien estaban especializados en hacer «hablar» a la gente que era detenida bajo sospecha de oponerse al gobierno, la vendimia era poca.

Antes de regresar del Distrito Federal a Monterrey, el grupo viajó a Guadalajara por unas semanas. Gerónimo decidió ahí que se iría de mojado a Estados Unidos.

NUEVE

Hay una foto Polaroid de mi tío Gerónimo, tomada en los setenta, en la que se le ve el aire de forastero con el que dio sus primeros pasos en Estados Unidos. Aparece en una casa en construcción en pleno valle de Texas. Trae puestos un pantalón de mezclilla y una camisa blanca. Está listo para trabajar y parece que lo hará con una sonrisa: es un moreno flaco del que resaltan el pelo largo, oscuro y brilloso, así como un bigote que apenas asoma entre sus gruesos labios. Algo que siempre me ha irradiado su imagen es la de un aparente goce del trabajo. Como si la clave de su felicidad se encontrara en una jornada extenuante.

Gerónimo cruzó la frontera por primera vez en 1969 junto con sus amigos Leobardo y Germán, a quienes conoció en el viaje a Guadalajara. Llegaron a Laredo a buscar trabajos de albañilería o de lo que hubiera para unos muchachos sordos de dieciséis años. No encontraron tantas oportunidades y las pocas que había se las daban a migrantes mexicanos oyentes. Entonces se fueron de aventón a San Antonio, la ciudad más católica de Texas, mucho más poblada y a tan sólo dos horas de distancia. Empezaron a vender llaveros en el *downtown*. Semanas después se toparon con un grupo de sordos texanos a los que no les agradaba la idea de tener competencia de vendedores mexicanos. Los texanos les hicieron la vida imposible, retándolos a golpes y amedrentándolos hasta que lograron que *la migra* los deportara.

Entre ese momento y 1971, los detuvieron y deportaron unas cuantas veces, sin que puedan precisarse con detalle las fechas exactas debido al paso del tiempo y los recuerdos encontrados de los tres. Tampoco hay un registro oficial en el que se pueda consultar esta información. Aunque en el primer cuarto del siglo XXI pueda parecer increíble, en aquel tiempo era común que un mexicano fuera y viniera al otro lado sin tanto problema. No se hablaba de instalar muros ni de rancheros armados para vigilar las rutas de los migrantes en busca de trabajo ni de hacer visas láser. La frontera entre México y Estados Unidos era un vasto y movedizo territorio de personas.

En una de las deportaciones, Gerónimo, Germán y Leobardo no fueron a dar a Nuevo Laredo, Tamaulipas, sino hasta Ciudad Juárez, Chihuahua, frontera con El Paso, Texas. Vagaron unos días en el centro, cerca de bares famosos como el Kentucky, donde había parroquianos que afirmaban haber visto a Marilyn Monroe emborrachándose con Al Capone. Luego consiguieron un aventón a Monterrey con un trailero que recorrió Chihuahua, Coahuila y parte de Tamaulipas antes de llegar a Nuevo León. Los papás de Gerónimo habían dejado de tener noticias de su hijo durante un buen rato y reaccionaron emocionados cuando lo vieron regresar a la casa cercana de la terminal de autobuses de Monterrey. Trataron de convencerlo de que se fuera a Rancho Nuevo a hacer vida de vaquero, algo que sabían que le gustaba tanto como viajar. Pero por esos años hubo sequía y con sequía, por más dadivosa que sea la buena fama que en general tiene la vida del campo, no se puede sembrar ni criar ganado y, por lo tanto, no se puede vivir.

Además, Gerónimo miraba con añoranza los días en Estados Unidos. Se había dado cuenta de que allá podía tener empleos que nunca tendría de este lado, y había visto que los sordos estadounidenses hacían cosas tan sencillas que, por la discriminación, parecían increíbles en México, como conducir un coche.

Gerónimo era un migrante que no sólo buscaba salir de la pobreza. También le interesaba vivir.

DIEZ

Mientras decidía qué hacer con su vida, ahora que era mayor de edad, Gerónimo fue a tramitar su cartilla de servicio a la oficina de reclutamiento de la séptima Zona Militar en Monterrey. El 13 de agosto de 1971, el teniente coronel de infantería, Alejandro Sánchez Martínez, determinó así su situación ante la milicia mexicana:

> Jerónimo [*sic*] González Garza, se encuentra INÚTIL para el Servicio Militar Nacional, por padecer: -SORDOMUDEZ [*sic*], enfermedad registrada en la Tabla de Enfermedades y Defectos Físicos anexa a la Ley del Servicio Militar Nacional, con el número 8, perteneciente al Grupo «C», según Certificado Médico expedido por el Hospital Militar Regional de esta Plaza. De conformidad con el Oficio Superior 21935 de fecha 6 de julio de 1948, LOS INÚTILES NO ESTÁN OBLIGADOS A VISAR SUS CARTILLAS.

Semanas después, Gerónimo volvió a cruzar la frontera. Salió de la casa de sus padres con unos tacos de harina que le preparó su mamá María de Jesús para el camino y con la decisión de no volver a México en un buen rato.

Ahora el viaje sería más allá, mucho más allá de ese antiguo territorio de México que ahora se llama Texas.

ONCE

Fue un viaje de varios días, muy lento, por el caluroso noroeste mexicano. Gerónimo, acompañado de nuevo por Leobardo y Germán, viajó en autobús de Monterrey a Torreón, Coahuila, de ahí a Ciudad Juárez y así hasta llegar a Tijuana, por las carreteras rectas de Sonora, a largos ratos desoladas. Por Tijuana cruzó a California. Iban a Los Ángeles atraídos por una noticia que les había llegado de buena fuente: allá estaba un grupo de jóvenes sordos mexicanos bien instalado, que organizaba caravanas por todo Estados Unidos. Una especie de comuna móvil, muy *ad hoc* con el momento hippie enmarcado por la guerra de Vietnam.

La historia resultó cierta. Apenas llegaron, la comuna los acogió y en poco tiempo estaban viajando en vans desvencijadas, primero por ciudades y pueblos del oeste estadounidense, luego atravesaron el país, hasta que llegaron a Nueva York. Eran unos jóvenes emocionados, de rostros barbados como revolucionarios cubanos, que viajaban apretujados y miraban de reojo, por las ventanillas, su nuevo país, mientras conversaban con las manos y con algarabía.

Algunas veces los dirigía un sordo pionero que ya había estado antes en el pueblo o en la ciudad visitada. Él indicaba a qué lugar había que ir a dormir hechos bola y en qué zona valía la pena ponerse a vender artilugios o buscar algún trabajo de campo, comercial, incluso industrial, si es que se los daban. Permanecían un tiempo y después emprendían la marcha de nuevo.

Algunos sordos del grupo conseguían buenos empleos en maquiladoras y abandonaban la caravana, pero eran los menos. Los sordos sin papeles competían con los obreros estadounidenses y con los obreros migrantes, también sin papeles, pero oyentes. Llevaban la de perder.

Aunque la venta de juguetes en plazas y parques públicos era su actividad principal, Gerónimo solía conseguir trabajos como albañil, carpintero o tablajero. Otras veces, ninguno de los viajeros conocía el sitio recién arribado, pero llevaban consejos de otros sordos mexicanos que habían pasado por ahí: los lugares que tenían que evitar porque había vendedores sordos estadounidenses; o bien, a cuáles ir porque encontrarían gente dispuesta a darles un dólar a cambio de un artilugio y un cariñoso mensaje en lenguaje de señas.

Luego reanudaban el viaje en busca de un nuevo sitio donde aterrizar. Si les iba bien, enviaban dinero a sus padres, o a sus hijos, o se compraban ropa bonita, o se daban una buena comilona. La caravana también iba dejando sordos cansados, que se frustraban y caían en el alcoholismo, o que desaparecían con sus hombros heridos de viajeros. No se volvía a saber más de ellos.

Gerónimo, Germán y Leobardo eran felices viajando. En sus andanzas se relacionaban, sobre todo, con otros sordos, pero también conocían migrantes mexicanos oyentes, desplazados de Oaxaca, Puebla y Guerrero. Si había modo, Gerónimo platicaba con ellos sobre la siembra, con la idea de volver un día a México a trabajar las tierras yermas de su familia, en Rancho Nuevo.

Hubo un momento en que la caravana se detuvo y cada quien se instaló por su cuenta. Gerónimo regresó a San Antonio, tras enamorarse en Atlanta. Leobardo también se instaló en tierras texanas, mientras que Germán prefirió Carolina del Norte. La relación entre los tres permaneció firme. Gerónimo, una vez instalado en San Antonio, regresó a Monterrey, en un viaje relámpago, por Graciela, su hermana sorda, para incluirla también en el sueño americano.

DOCE

Gerónimo no se robó a su hermana Graciela, pero la familia no estaba segura de que fuera correcto que una joven sorda partiera a Estados Unidos, así nomás, a la aventura, aunque fuera con su hermano. En Monterrey, Graciela se dedicaba a coser vestidos para fiestas de quince años y bodas en la casa de sus padres.

Guadalupe y su esposa María de Jesús despidieron a su hija Graciela con el ceño fruncido. Graciela se fue a Estados Unidos y con el paso del tiempo se enamoró de Germán. Se casó con el amigo de su hermano Gerónimo y ambos hicieron su vida en un pueblito boscoso llamado Stanford, en Carolina del Norte. De llevar una vida enclaustrada entre telas y vestidos, Graciela se convirtió en una auténtica nómada que le ha dado más de una vuelta completa a Estados Unidos, vendiendo llaveros y juguetes.

A diferencia de Gerónimo, Graciela nunca dejó de recorrer el país haciendo ese trabajo. Tras darle cuatro vueltas completas a Estados Unidos aprendió que debía enfocarse en el circuito de la Serie NASCAR (National Association for Stock Car Auto Racing) porque en las carreras de automóviles de serie más concurridas del país, era donde solían conseguir las mejores ventas de sus artilugios.

TRECE

En febrero de 2011, mi tía Graciela, quien es católica practicante, viajó a la Ciudad de México para participar en la peregrinación anual de los sordos mexicanos que se hace año con año desde la Iglesia de San Judas Tadeo hasta la Basílica de Guadalupe.

Después de aquel viaje, partió al Mardi Gras, el carnaval celebrado en Nuevo Orleans, uno de los eventos preferidos por los sordos estadounidenses para vender llaveros y juguetes, debido a la fama de generosos que tienen los asistentes al festejo que ocurre entre el 4 de febrero y el 9 de marzo. Otro de los sitios de buena fama entre los vendedores sordos es Los Ángeles; en contraste, el peor sitio de Estados Unidos para ellos es Nueva York, una ciudad imparable, indiferente a todo.

Acompañé a mi tía durante la peregrinación a la Basílica de Guadalupe, junto con Guillermo Osorno, quien luego publicó una crónica con el título «Coro de sordos».

Mientras caminábamos por el peregrinódromo, Ana Lilia Sekiguchi se nos acercó a ofrecernos protector para el sol. Era una de las organizadoras de la peregrinación y le pregunté si los sordos debían adaptarse a la sociedad, o si la sociedad debía adaptarse a los sordos. «Hay que cambiar la pregunta. Lo mejor sería que nada más habláramos de comunicarnos, con eso empezaríamos a hacer algo diferente», respondió.

Ana Lilia, además de maestra, es madre de un joven y una niña, ambos sordos de nacimiento.

—La gente debería saber por lo menos unas cuantas palabras en lenguaje de señas, ¿no crees?— le dije.

—Exacto, si tú vieras lo que pasa en la prepa donde estudia mi hijo: los compañeros de mi hijo Gamaliel, que saben dos o tres palabras en lengua de señas y el abecedario, como se comunican con él. Y él se puede quedar a veces solo en clases y todo, pero por lo regular yo voy a interpretarle porque además no tenemos esa facilidad con él; no hay intérpretes.

—¿Tú vas a sus clases?

—Sí, yo voy a las clases a interpretarle lo que dicen los maestros.

—Pensé que había una clase especial para sordos, un bachillerato especial.

—No, de hecho fue muy complicado conseguirle a Gamaliel una preparatoria fuera del ámbito. Y pues por necesidad, Gamaliel se integró al Tec de Monterrey, y ha sido muy complicado pues la metodología la hemos ido armando nosotros, entre él y yo. Ha sido «a ver cómo te pongo esta seña» porque además no hay tantas señas.

—El lenguaje de señas mexicano tiene muchos calós regionales... Por ejemplo, mi tío Gerónimo dice Monterrey así [me toco el codo]. ¿Así es Monterrey también para ti?

—Monterrey es así para mí [Ana Lilia hace seña con tres dedos moviéndose en la frente]. Se llaman regionalismos. La lengua de señas es toda una lengua, o sea, es un idioma completo. Como idioma tiene nacionalismos, regionalismos, extranjerismos. Entonces, te puedo contar de algunos. Por ejemplo embarazada es así [hace seña como indicando un vientre], pero ahora lo han hecho así [hace seña con el brazo izquierdo flexionado y moviendo la mano derecha simulando una panza]. ¡Pero es un extranjerismo, lo han copiado de Estados Unidos!

—¿Va evolucionando muchísimo, no?

—Exacto, exacto, como todo idioma, va evolucionando, se va mejorando. Antes se usaba español signado, hablaban con las frases «con», «en» y así iban pero era muy lento. Entonces ellos (los sordos) se reunieron como comunidad y dijeron: vamos a quitarles tantos movimientos, vamos a hacer algo que se llame lengua de señas. Y hay lengua de señas mexicana, americana, libanés, pakistaní, japonés…

—¿El país más tolerante con los sordos es Estados Unidos?

—Pues, mira… sí. Estados Unidos les tiene intérpretes certificados, el gobierno les da intérpretes. O sea, si Gamaliel estuviera en Estados Unidos… bueno, ya con decirte que ni siquiera tendría un intérprete. Para empezar, tienen una escuela especial donde tendría su intérprete. Eso lo daría el gobierno, no tendrían que ser recursos de los papás.

—Mi tía Graciela y mi tío Gerónimo se fueron de mojados a Estados Unidos justo porque aquí nomás no había cómo…

—Exacto, no hay.

—No había oportunidad. Sus papás, mis abuelos, son personas muy trabajadoras, pero del campo, con poca instrucción… Pero tú que tenías educación pudiste ayudar más a tus hijos…

—Yo estudié educación especial precisamente porque tengo a los dos niños sordos. Cuando supe que la niña también era sorda, dije: «No, a ver, ¿qué voy a hacer?». Y aquí en México haces todo un peregrinar para las cosas más simples: vas a un hospital y no te dicen nada, vas a otro hospital y te dicen otras cosas, no te dan expectativas y eso como que no está bien. También mi área médica pero en la educación especial y es pues como van, han ido saliendo adelante.

—¿Y la expectativa que tienes es de que Gamaliel termine la prepa y después estudie algo más?

—Gamaliel está en la prepa porque su expectativa era la universidad. Cuando me dijo eso, le contesté que tenía que pasar por la prepa, y por una prepa con oyentes tenía que ser. Y él me decía: «No, yo quiero ir directo a la universidad, a la universidad de Gallaudet, en Washington, una universidad exclusiva para sordos. La única en el mundo».

—¿Y cómo le vas a hacer para que se vaya para allá?

—No tengo la menor idea. Así como no tenía la menor idea de cómo iba a entrar al Tec y ahorita está en el cuarto semestre.

CATORCE

Pasaron diez años para que Gerónimo, Germán y Leobardo regularizaran su situación migratoria. A principios de los ochenta se beneficiaron de leyes especiales y dejaron de ser indocumentados en Estados Unidos, sombras fugitivas. Gerónimo adquirió la ciudadanía estadounidense después de que se casó con su actual esposa, Ana, a la que conoció en Atlanta, Georgia, durante la gira hippie, en una fiesta celebrada en una discoteca exclusiva para sordos. Ana, rubia, de cuerpo atlético y sorda de nacimiento, tuvo una educación distinta a la de Gerónimo y aprendió desde niña a hablar el lenguaje de señas. La comunicación entre ambos se dio rápidamente porque Ana hablaba también el lenguaje de señas mexicano.

Podría pensarse que hay un solo lenguaje de señas para todos los sordos del mundo, pero no es así. Hay bastantes diferencias entre el de un país y otro. Los sordos gringos hablan el Ameslan (American Signal Language), donde cada letra tiene una representación particular con las manos, y varios movimientos forman una palabra y muchos más una oración. El de los sordos mexicanos, además, cuenta con su propio caló regional: un sordo regiomontano no habla igual que un sordo maya.

En los setenta y ochenta, los sordos migrantes mexicanos se estaban beneficiando de un movimiento de orgullo sordo estadounidense que reivindicaba el lenguaje de señas, aunque esto Gerónimo no lo supo, porque su vida de migrante estaba lejos del movimiento intelectual sordo americano. Por esos años se promovieron en Estados Unidos obras de teatro, libros, programas de televisión y películas. En *Star Trek*, el actor sordo Howie Seago interpretaba a un embajador de otro planeta que era sordo y hablaba por señas. En Broadway se presentó con éxito *Hijos de un dios menor*, dirigida a un público sordo. La cúspide fue la llamada revolución de los sordos que consiguió que la Universidad Gallaudet, en Washington, se convirtiera en una escuela de altos estudios exclusiva para sordos.

De lo que sí se dio cuenta Gerónimo durante aquella vida nómada que duró casi todos los setenta, fue que era posible cambiar la vida, incluso la de un sordo no rico nacido en México. Cuando Gerónimo llegó al otro lado era un ilegal, pero eso era menos dramático que lo que le pasaba en México, donde la discriminación hacía que algunos lo consideraran un imbécil.

QUINCE

La revolución de los sordos estadounidenses, de la que se beneficiaron Gerónimo y otros sordos migrantes mexicanos, es retratada por el neurólogo y escritor Oliver Sacks, en su libro *Veo una voz. Viaje al mundo de los sordos*. El punto culminante de la revuelta fue marzo de 1988, cuando se produjo un auténtico levantamiento de los sordos de la Universidad Gallaudet de Washington, quienes exigían que el nuevo rector de la institución fuera un sordo, como la totalidad de los estudiantes. El jueves 10 de marzo de ese año, el investigador inglés acudió a la universidad para mirar de forma directa la huelga de los sordos. Así describe su arribo:

Un taxi me deja en la calle Octava frente a la universidad. Las puertas de entrada llevan cuarenta y ocho horas bloqueadas. Lo primero que veo es una multitud inmensa, nerviosa, pero alegre y cordial, de centenares de estudiantes que obstaculizan la entrada al campus y que llevan enseñas y pancartas y hablan por señas entre ellos con gran animación. Uno o dos coches policiales vigilan fuera con los motores en marcha, aunque parecen una presencia amable. Los coches que pasan tocan mucho la bocina y esto me desconcierta, pero luego veo un cartel que dice TOQUE LA BOCINA POR UN RECTOR SORDO. La multitud es al mismo tiempo extrañamente silenciosa y estruendosa: las conversaciones y discursos por señas son abruptamente silenciosos, pero los interrumpen curiosos aplausos, un nervioso sacudir de manos por encima de la cabeza, acompañado de gritos y vocalizaciones agudas.

Oliver Sacks, autor de libros sobre personas que padecen migraña o han perdido una pierna en un accidente, así como de ciegos y esquizofrénicos, explica que decidió adentrarse en el mundo de la sordera profunda, porque el estudio de los sordos demuestra que gran parte de lo que es característicamente humano (el habla, el pensamiento, la comunicación y la cultura) no se desarrolla de un modo automático, no son funciones puramente biológicas sino también, en principio, funciones sociales e históricas; son el legado (el más maravilloso de todos) que una generación transmite a otra. Y eso nos revela que la Cultura es tan fundamental como la Naturaleza.

«No sólo hablamos para decir a los otros lo que pensamos, sino también para decírnoslo a nosotros mismos. El habla es una pieza del pensamiento». De acuerdo con Sacks, el sordo sin lenguaje puede ser en realidad como un imbécil, y de un modo particularmente cruel, porque la inteligencia, aunque presente y quizá abundante, permanece encerrada tanto tiempo como dure la ausencia de lenguaje. El escritor cita al abate Sicard cuando éste hablaba de la enseñanza del lenguaje de señas diciendo que «abre las puertas de la inteligencia por primera vez».

De acuerdo con la visión de Sacks, «los sordos no se consideran impedidos, sino miembros de una minoría lingüística y cultural que necesitan (y tienen realmente derecho a) estar juntos, ir juntos a clase, aprender en un lenguaje accesible a ellos y vivir en compañía y comunidad con otros que son como ellos».

Antes de su visita a la insurrección sorda de marzo de 1988, Sacks había estado antes en la Universidad de Gallaudet, en 1986 y 1987, y en esa ocasión había comprendido que la *seña* podía ser un lenguaje completo, «un lenguaje igualmente apropiado para hacer el amor y hacer discursos, para flirtear y para enseñar matemáticas». Sacks quedó impresionado tras asistir a clases de filosofía y de química en lenguaje de señas: «Tuve que ver funcionar un departamento de Matemáticas absolutamente silencioso; tuve que ver bardos sordos, poesía por señas, en el campus, y la amplitud y profundidad del teatro de Gallaudet; tuve que ver el maravilloso escenario social del bar de los estudiantes, con las manos volando en todas direcciones, cien conversaciones independientes en marcha».

DIECISÉIS

Es abril de 1991. Gerónimo ya no es nómada, se ha establecido en San Antonio, Texas, con sus dos hijos y su esposa Ana, aunque en este momento está en el corral del rancho de Los Ramones, entre vacas y becerros que dan vueltas en círculo, mugen o estornudan estentóreamente con el sol de frente. Gerónimo laza una vaca. Otros dos vaqueros, un primo con bigote de morsa y un sobrino barbado, ayudan a Gerónimo para que le ponga en la cadera su sello mientras el animal está apersogado: las tres iniciales de su nombre. La vaca se cae y Gerónimo, lentamente, deja que le caiga el ardiente trinche de fierro con las letras G. G. G. La vaca se queda callada. No emite sonido alguno. Ya quedó marcada. Ahora sigue un becerro de ojos salvajes, después otra vaca inexpresiva. Será una larga tarde. María, la hermana mayor de Gerónimo, graba el ritual ranchero, con una cámara de formato VHS. Una toma monótona, abierta, en la que no dejan de caer vacas y un vaquero silencioso las marca con su fierro ardiente.

A partir de 1991, Gerónimo empieza a cumplir su sueño de ir más seguido a México, de hacer la vida de vaquero que en cierta forma tuvo que posponer a causa de sus viajes por Estados Unidos. Quiere darle vida al rancho de sus padres.

DIECISIETE

El rancho de mi tío queda cerca de lo que aquí llamamos la Frontera Chica, la región que comprende los municipios de Guerrero, Ciudad Mier, Miguel Alemán, Camargo y Díaz Ordaz. Esa pequeña zona forma parte de una frontera más grande, integrada por ciudades y pueblos de Nuevo León, Coahuila y Tamaulipas que se extienden a lo largo de un valle en tránsito continuo de personas, animales y cosas, donde lo considerado legal o ilegal va y viene de México a Estados Unidos, a través de Texas.

En este rincón tan poco conocido de México se desató una guerra en febrero de 2010, cuando una decena de cabeceras municipales fueron atacadas por hombres armados que llegaban en caravanas de camionetas *pickup*. Cuando escribo "guerra" no estoy haciendo uso de la retórica o del sensacionalismo para describir lo que pasa. Se trata de una guerra en serio, en la que ha habido masacres, desplazamientos forzados de población, fosas clandestinas, prisioneros, combates, leva, magnicidios, mucho dolor y muchas mentiras, como en cualquier guerra. Además de muchas muertes.

Si un día alguien decidiera guardar un minuto de silencio continuo por cada una de las personas asesinadas en este lugar, se quedaría mudo un mes.

La violencia que se desató aquí ha sido mayor que en otras zonas fronterizas del país. Es mucho mayor que la de la Tijuana actual, mayor que la de Sonora, e incluso que la de Ciudad Juárez. Sin embargo, esta región es una zona que parece no usar su voz. Del dolor causado por la violencia en Tijuana, Sonora y Ciudad Juárez ha nacido un lenguaje propio. Un lenguaje a veces hasta poderoso, que se oye a través de constantes reportajes hechos por periodistas nativos o llegados de fuera, o bien de novelas que cuentan la vida íntima de esas zonas.

Acá en la frontera noreste no pasa eso.

Bajo la atmósfera que prevalece ni siquiera es posible hacer diarismo de forma adecuada. De la realidad amenazante, la que se topan todos los días los reporteros locales, han quedado como constancia trágica los ataques con granadas a instalaciones de periódicos, así como el asesinato y la desaparición de periodistas. Sin embargo, gran parte de las intimidaciones no se conocen, ni siquiera aparecen en los registros de los organismos internacionales que han abierto oficinas en la Ciudad de México los últimos años, alarmados por el aumento de las agresiones a la libertad de expresión.

La frontera noreste de México carece de un lenguaje propio en estos tiempos de guerra. Y sin lenguaje la libertad queda mucho más lejos. El lenguaje es lo que hace posible el pensamiento, marca la diferencia entre lo que es humano y lo que no lo es. El lenguaje devela misterios. Pero la frontera noreste no puede hablar.

DIECIOCHO

La nueva sede de la comandancia de la policía de Los Ramones, Nuevo León, donde está el rancho de Gerónimo, fue inaugurada a mediados de julio de 2010, en plena guerra. Entre tierra dura, rodeado por una cerca de aluminio, las autoridades construyeron un edificio de una sola planta, pintado de blanco con algunas rayas naranjas, para que operara la fuerza de seguridad pública local. Tres días después, el viernes 22, poco antes de las nueve de esa noche, cinco camionetas se estacionaron enfrente. Bajó una decena de hombres que tomaron suficiente distancia para que las balas no rebotaran cuando empezaron a descargar el contenido de los rifles que llevaban. Quién sabe cuántos disparos hicieron. La balacera duró veinte minutos y se lanzaron por lo menos cinco granadas. La fachada principal del edificio nuevo quedó como queso gruyer y la corporación entendió el mensaje: ese día desapareció la policía municipal de Los Ramones.

Gerónimo estaba a unos kilómetros de ahí, revisando el techo de una bodega de forraje para animales, algo deteriorada debido a la poca actividad del rancho que heredó de sus padres y que desde los noventa ha tratado de levantar. Algunas veces me ha tocado acompañarlo. Hacemos largos recorridos silenciosos. Trato de imaginar lo que Gerónimo piensa sobre estos tiempos con tanto ruido.

Aquella balacera contra la comandancia municipal de Los Ramones se oyó a varios kilómetros a la distancia.

Hay quienes dicen que se hicieron mil tiros. Gerónimo no la escuchó.

Dos meses después del ataque a la comandancia, converso con Gerónimo en el comedor de su casa de San Antonio. Es una noche muy tranquila, aunque afuera se oye una tromba y por la ventana de la cocina se mira el zigzagueo de unos rayos en el cielo. Le pregunto sobre la violencia en las carreteras y los pueblos por los que conduce. Me contesta que algunos rancheros le han contado de desapariciones forzadas de personas, de ranchos abandonados empleados como campos de entrenamiento de sicarios, de militares arrasando rancherías y otras cosas que ocurren en los alrededores, pero que él no presta demasiado interés en ello. Su filosofía es que si algo no tiene solución, entonces ni siquiera es un problema.

Gerónimo está en contra de la legalización de las drogas —como la abrumadora mayoría de los habitantes de Texas— porque cree que los niños harían suya esa adicción y todo se vendría abajo. No le caen bien «los sabihondos» que la promueven como «la solución». Gerónimo es un texano en eso y otras cosas más. Sabe disparar un rifle, y supongo que no dudaría en usarlo si se viera amenazado durante uno de sus viajes en carretera entre Monterrey y San Antonio. Le planteo dicha posibilidad y me responde señalando una herradura colgada en la pared de su casa. Está algo oxidada, pero veo que tiene inscritas las letras G.G.G., las iniciales de su nombre. Como muchos de aquí, Gerónimo cree que el calzado de los caballos es un amuleto para la buena suerte. La superstición vive un auge en la frontera. Quizá es necesaria para no ser sorprendido por la barbarie, para no ser parte de ella también.

Gerónimo me explica que para él no todo se trata de fuerza. Siempre habrá alguien mejor que tú para disparar o alguien tendrá una mejor arma que la tuya. Lo importante es que tú tengas la razón en lo que haces y que no la sacrifiques por la fuerza.

DIECINUEVE

En la mesa hay puré de papa, tocino crujiente, arroz y pavo. Bebemos té helado. Antes de sentarnos a comer en el día de Acción de Gracias, que este 2010 tocó que fuera el 25 de noviembre, Gerónimo se pasó la tarde arreglando el techo de la casa que construyó con sus propias manos hace veintidós años en las afueras de San Antonio. Gerónimo puso también por la mañana un barandal nuevo alrededor de la fachada principal y en la parte trasera agregó un cobertizo al garaje.

Platicamos de esos arreglos a la vivienda donde vive junto con su esposa Ana y una pequeña manada de perros chihuahueños. Entre los minúsculos e inquietos animales el consentido es Dumb. Dumb —tonto— es también la forma en la que antes se les llamaba a los sordos en Estados Unidos.

El plan de Gerónimo es hacer la mayor cantidad de arreglos que pueda a la casa donde vive. Luego quiere venderla y comprar una más pequeña y barata en el centro de la ciudad, adonde se mudará con su esposa Ana. Quién sabe qué pasará con las mascotas. Con el dinero que le quede de la venta, Gerónimo planea comprar otra casa, arreglarla y luego venderla más cara. Hace unos días, Gerónimo y su hijo mayor —que también se llama Gerónimo, aunque todos le dicen Nimo— encontraron una vivienda muy descompuesta, pero bien ubicada, que se vendía en treinta y cinco mil dólares. El sitio ideal para el plan de jubilación de Gerónimo. Fueron al banco a conseguir el dinero, pero en lo que cumplían los requisitos, alguien se les adelantó y compró la casa vieja.

El otro hijo de Gerónimo se llama Guadalupe y le dicen Lupi. Es un veinteañero que vive en Austin, dibuja estupendos cómics estilo japonés en sus ratos libres y trabaja con Nimo colocando escritorios y alfombras en las oficinas de las agencias de seguridad estadounidenses a lo largo de la frontera. La mayoría de las cosas que platico con Gerónimo tienen que ser traducidas por su hijo Nimo, porque no sé hablar el lenguaje de señas. Tanto Nimo como Lupi oyen y hablan perfecto inglés, aunque el español les cuesta un poco de trabajo.

En el comedor está enmarcado el Padre Nuestro en lenguaje de señas y platos que recuerdan los viajes de Gerónimo. Platos de Arizona, Carolina del Norte, Georgia, Indiana, Florida, Nebraska, Kentucky, Oklahoma, Missouri, Texas, Nuevo México, Washington, Las Vegas, Myrtle Beach, Alabama, Hawaii… Un televisor enorme está encendido en la sala, con el Western Channel sintonizado. Gerónimo se va para allá, se quita las botas vaqueras y se sienta a ver una película de John Wayne. Salgo con Lupi a disparar un rifle en el monte. Es un .22. La sensación de la bala que parece salir de tu pecho es peligrosamente aliviadora: te da cierto poder, vacía tu miedo.

Regreso y ha caído la oscuridad total en el valle.

Me siento de nuevo a platicar con Gerónimo. He convivido con personas sordas desde que soy niño y los que conozco no paran de hablar. Apenas los ves y están relatando una historia tras otra, o preguntando cosas. Sin embargo, creo que si Gerónimo pudiera usar sus cuerdas vocales para hablar, hablaría poco. Es parco, como muchos paisajes de la frontera. En general, habla sólo lo necesario. Le cuento que estoy residiendo una temporada en Nueva York y que quiero saber qué piensa de Estados Unidos, ya que tengo sentimientos encontrados. Me dice que él se enteró de lo que sucedió en las Torres Gemelas y no lo creía, que no ha querido ver las imágenes de los aviones estrellándose contra los edificios, que en Estados Unidos no hay tanto racismo como se dice, aunque recuerda a un sordo mexicano asesinado en Virginia por una de esas pandillas de negros que acosan a los latinos: su amigo se topó con ellos en la calle y lo insultaron sin saber que era sordo y no podía escucharlos. Ellos lo golpearon hasta que murió. Me dice que en Estados Unidos tratan mejor a los sordos que en México, aunque ha sabido que ahora hay empresas grandes en Monterrey, como Gamesa y Whirlpool, que dan empleos a sordos, y que en Santa Catarina, Nuevo León, el gobierno puso una escuela técnica exclusiva para sordos. Pero que, por mucho, Estados Unidos es el mejor país para los sordos. Que en Las Vegas hubo, del 18 al 23 de julio de 2010, un Congreso Mundial de Sordos. Sesenta mil sordos venidos de todo el mundo: sordos de la India, sordos africanos, sordos de Francia, de cualquier lugar que te imagines. Que quiso ir pero no pudo porque tenía trabajo, aunque su hermana Graciela sí fue y le platicó después sobre aquello, una cosa increíble, maravillosa. Que también hubo un concurso de belleza, Miss Deaf International, para escoger a la sorda más bella del mundo. Que ganó una sorda de Bélgica, alta y delgada, con el pelo del color de la hierba amarilla, en segundo quedó una chica de Sudáfrica, después una trigueña de Lituania (que por las fotos que vio, para él era la que merecía ganar), y en cuarto y quinto lugares, una de Irán y una de Brasil. Que admira a Estados Unidos. Que George W. Bush y Barack Obama no le importan.

Luego toco un tema medio escabroso: el de los Paoletti, la familia de sordos mexicanos de ascendencia italiana que fue detenida y procesada en julio de 1997 en Nueva

York, por dirigir una red que se encargaba de traer sordos mexicanos a Estados Unidos y los ponía a trabajar vendiendo llaveros en las calles. Gerónimo me dice que por supuesto supo de ese caso que le dio la vuelta al mundo. Que los Paoletti tenían fama de maltratar a los sordos. Le comento que varios profesores sordos del Distrito Federal me dijeron que ellos creían que en realidad el operativo contra los sordos mexicanos tenía como finalidad persuadir a otros sordos mexicanos para que no se vinieran a Estados Unidos a trabajar ilegalmente. Que activistas sordos que entrevisté en el Distrito Federal me dijeron que por supuesto que los sordos migrantes vivían en condiciones infrahumanas, como las que exhibió *The New York Times* en unas fotos de una de sus portadas, donde se veían camas y colchonetas amontonadas en diminutos espacios, pero que estas condiciones infrahumanas son las que suelen tener muchos migrantes mexicanos, sean sordos o no, cuando llegan a Estados Unidos. Gerónimo dice que él no sabe qué decir, que la familia Paoletti tenía mala fama desde antes de que pasara todo lo que pasó. Que por suerte, él tuvo la posibilidad de salir adelante en Estados Unidos. Que lo que él sabe es que los Paoletti fueron juzgados, y al parecer ya están por salir y se dice que contarán su versión de las cosas en un libro preparado en todos estos días transcurridos entre prisiones mexicanas y estadounidenses. Que habrá que leer ese libro para conocer su versión. Gerónimo no juzga.

VEINTE

Gerónimo estaciona su camioneta afuera de El Rubio, comedor frente a la antigua Fundidora de Monterrey, al que a veces llega antes de agarrar carretera de regreso a Texas. La costumbre la adquirió cuando acompañaba de niño a su papá al rancho, para ayudarle a matar los cabritos que la familia traía a vender a Monterrey. Pide un vaso con agua mineral y un bistec con papas. Cuando está por terminar de comer el filete, agarra el hueso con la mano derecha y lo levanta a la altura de su boca para poder arrancarle con los dientes la carne que le queda, de un tirón.

El día que su padre, Guadalupe, fumador empedernido, murió a causa de un enfisema, le tocaron «Te vas, ángel mío», una canción fúnebre que Gerónimo nunca ha escuchado, pero que sabe que su padre la ponía durante los viajes en la carretera que ambos hacían al rancho y que iniciaban en El Rubio. Su padre la ponía en la carretera, porque le recordaba la despedida que a su vez le había dado a su propio padre. Gerónimo ha pedido que cuando muera le toquen también esa canción que oía su padre y que él nunca podrá escuchar.

Justo esa canción es la primera que entona un fara fara norteño que llega al restaurante cuando Gerónimo está pagando la cuenta para irse.

Te vas ángel mío,
ya vas a partir
dejando mi alma herida
y un corazón a sufrir.
Te vas y me dejas
un inmenso dolor
recuerdo inolvidable
me ha quedado de tu amor
pero, ay, cuando vuelvas
no me hallarás aquí.
Irás a mi tumba
y ahí rezarás por mí.
Verás unas letras
escritas ahí
con el nombre y la fecha
y el día en que fallecí.

Gerónimo va a cruzar la frontera, de regreso a su casa en San Antonio, tras visitar a su madre en Monterrey. María de Jesús tiene ochenta y ocho años, está enferma y poco tiempo después morirá, siendo despedida con el huapango «De Ramones a Terán», tocado varias veces por un *farafara* mientras era enterrada en un panteón ubicado entre la carretera de El Mezquital y Santa Rosa, en Apodaca.

Pero hoy la tarde declina en Monterrey, uno que otro remolinillo de polvo pasa por ahí. Los ojos café claro de Gerónimo, con la luz invernal, parecen cebada. Apenas ha avanzado unos kilómetros cuando vuelve a detener la marcha de su camioneta *pickup* Silverado afuera del último Oxxo que hay antes de tomar la carretera a Nuevo Laredo. Entra a la tienda y echa un vistazo a la portada del periódico con fecha de enero de 2011. Lo más importante del día es la noticia de un policía federal de caminos decapitado en China, un municipio de Nuevo León pegado a Los Ramones.

«Encuentran cabeza sin vida de Federal», dice absurda-
mente el titular de la historia.

De regreso a la camioneta pongo una pegajosa cumbia
de Los Tigres del Norte. Se llama «El sordomudo».

Soy enamorado
como cualquier hombre
aunque les extrañe
y les asombre:
Soy un sordomudo
que no oigo ni hablo,
y así como estoy,
me dicen El Diablo.
Le hablo a las mujeres
con puras señas,
luego les digo
que me gustan ellas,
pero yo les digo que me gusta el gorro,
para cuando bailo este movido porro.

VEINTIUNO

Hombres de ojos acelerados, que cargan maletines y llevan pantalones de mezclilla apretujados y camisas vaqueras, caminan por el aeropuerto como si fuera a explotar una bomba. Es el verano de 2011 y viajo a San Antonio, Texas, junto con el fotógrafo Rodrigo Vázquez, para que conozca a mi tío y lo retrate.

Gerónimo y su cuñado Germán pasan por nosotros a las seis de la tarde en una camioneta Avalanche roja y nueva. Dan un par de vueltas hasta que nos ven a lo lejos. Hacen señas para que nosotros los veamos a ellos.

Gerónimo viajará la mañana siguiente, de San Antonio a Monterrey, para visitar de nuevo a su madre y revisar el estado en que se encuentra la cabaña de uno de sus sobrinos, enclavada entre la sierra de Santiago, algo abandonada y necesitada de un buen carpintero. Hoy pasaremos la noche con él y después lo acompañaremos en el viaje a México.

Al salir de la terminal paramos en una gasolinera. Mientras Gerónimo llena el tanque se queja de lo caro que está el combustible y menciona las incomodidades generales de viajar. Tan sólo en lo que va de 2011, hasta este mes de mayo, Gerónimo ha cruzado la frontera once veces.

Después de cargar gasolina vamos a un Walmart para comprar la bebida de la cena. Gerónimo aprovecha y mete al carrito del súper un pantalón negro Wrangler de quince dólares, que se pondrá al día siguiente.

La casa de Gerónimo está en las afueras de San Antonio, es una especie de ranchito al que en las mañanas a veces se acerca uno que otro venado. Son casi treinta kilómetros desde el aeropuerto hasta ahí.

Cenamos costillas de cerdo, coliflor, arroz y una salsa verde picante que ha preparado Ana, su esposa. Hablamos sobre tatuajes. Le digo que no entiendo por qué en Estados Unidos es tan común y en México no. Él me dice que tampoco lo sabe y que a él le desagradan porque se ven mal. Le digo que planeo ponerme uno pronto y sólo ríe. Nimo, su hijo, no está, así es que toda la conversación que tenemos es con mi limitado conocimiento del lenguaje de señas, aunque de vez en vez agarro una hoja y le escribo lo que quiero decirle. Germán también me pregunta cosas de esta forma.

Saco el tema del dinero que le prestó a mi familia en 1995 para el pago de la *Hipoteca*. Me dice que en ese entonces había hecho varios trabajos de carpintería y tenía dinero ahorrado de la época en la que vendía llaveros y artilugios por todo Estados Unidos. Además, no hacía tanto que había dejado de trabajar en una fábrica de baterías eléctricas automotrices. Le pregunto que por qué ayudó a sus hermanos y a su familia, en lugar de acumular ese dinero. Me responde encogiendo los hombros y haciendo una mueca de desdén, una seña que cualquiera entiende. ¿Para qué acumularlo?

En eso aparece su perro chihuahueño Dumb, que recientemente fue mordido por una víbora del monte. Por fortuna, no lo mató, pero le provocó una bola en el cachete, que se le quitó con una inyección. A dos días de la cura, regresó con otra bola igual y las inyecciones se repitieron. Ahora el perro ya casi no sale al monte que rodea la casa de Gerónimo.

Nosotros sí salimos al monte después de cenar. Gerónimo se fuma un cigarro Marlboro en el cobertizo. Es como el décimo tabaco del día y eso que dice que ahora fuma menos. Platicamos de venados y después nos vamos a dormir. A la mañana siguiente cruzaremos la frontera.

VEINTIDÓS

Antes de acostarme escucho uno de los éxitos musicales de hoy en Reynosa, que más allá de la frontera noreste es inconmensurablemente desconocido. Lo cantan dos jóvenes veinteañeros que se llaman Cano y Blunt. La guerra alrededor del rancho de Gerónimo en Los Ramones no se canta a ritmo de acordeón, tololoche, bajosexto y guitarra, como indica la tradición norteña, sino con hip hop:

Bienvenidos a mi reino: Reynosa querida,
donde a diario la gente se rifa la vida,
gente que pesa, gente que te vuela la cabeza.

Ándate con cuidadito o de balas te atraviesan,
cuerpos mutilados y tirados al canal,
demasiada maldad pa' caber en un penal.
Los cuerpos en la orilla de la villa,
súbele al estéreo, puro Beto Quintanilla.

Mucha gente que viene de afuera,
hay un chingo de chamba y un chingo de loquera,
mi gente pandillera y mi nena talonera.
Reynosa de a de veras: ¿qué chingados esperas?
La peda en la loquera, está brava la frontera.
No cuento una novela, esto es chile de a de veras,
chécalo en las noticias, pura gente con malicia,

por las drogas se desquician, por la feria se avarician.
Somos puro Reynosa,
un chingo de malandros, pura gente mafiosa,
lo sufres o lo gozas.
Reynosa la maldosa, la calle es peligrosa.

Mientras concilio el sueño, pienso que lo que cantan los chicos de Reynosa se aplica en buena medida al resto de esta zona en guerra que inicia en Matamoros. Se cree que Matamoros fue fundada por piratas holandeses e ingleses en la desembocadura del río Bravo, y que hubo un tiempo en que se llamó Bagdad. Si se mira un mapa, río arriba, de Matamoros a Ciudad Acuña, Coahuila, se forma una especie de pasillo en el que fue acomodada esta región de México, tras la guerra de 1846 con Estados Unidos. Reynosa, Piedras Negras, Colombia y Nuevo Laredo son nombres de otros lugares del camino, separados del territorio texano por un torrente impredecible al que los que viven en la otra orilla le dicen Río Grande.

Si uno ha vivido alguna vez aquí, se da cuenta pronto de que el tipo de vida de la franja abarca más municipios cercanos de Tamaulipas, no precisamente fronterizos, como Ciudad Mier, San Fernando y Valle Hermoso, o bien de Nuevo León, como China, General Bravo, Agualeguas, Cerralvo, Los Ramones y Sabinas Hidalgo. La «capital» de esta frontera está en Nuevo León, no en Tamaulipas. Monterrey es la ciudad grande que le queda cerca. Doscientos diez kilómetros la separan de Nuevo Laredo, mientras que Ciudad Victoria, capital oficial, está a más de trescientos kilómetros. Y el puerto de Tampico, se dice en broma, ya es Veracruz.

A principios de 1994, cuando llegaron las noticias del alzamiento del Ejército Zapatista de Liberación Nacional (EZLN), ocurrido en la otra frontera, allá en la sur, acá en ésta hubo gente que trató de aprovechar el barullo nacional para anexar de manera oficial la frontera tamaulipeca a Nuevo León. El 5 de febrero de ese año, día de la Constitución, grupos locales como la Asociación de Agentes Aduanales de Nuevo Laredo, el Consejo de las Instituciones de Miguel Alemán, la Asociación de Constructores y las barras de abogados de Camargo y Guerrero, propusieron la realización de un plebiscito para que sus municipios abandonaran Tamaulipas y se integraran a Nuevo León. El principal diario de la región, *El Mañana*, difundió los resultados de un sondeo en el que siete de cada diez entrevistados estaban de acuerdo en que sus pueblos y ciudades fueran neoleonesas. Pero la medida nunca prosperó.

VEINTITRÉS

En mayo de 2010, viajé a San Salvador para participar en un foro de periodismo convocado por colegas de El Faro.net. Tras una reunión privada, el coronel David Munguía Payés, ministro de la Defensa Nacional de El Salvador, me explicó una razón orográfica por la cual durante los tiempos violentos actuales en México, los combates son más intensos en los pueblos y caminos de Tamaulipas que en Sinaloa, el sitio de la génesis del narco mexicano.

El Salvador vivió una guerra que duró más de veinte años y acabó en 1992. La experiencia de combate de los militares salvadoreños es superior a la de sus colegas mexicanos, así es que se trata de la opinión experta de un hombre que, además, durante el encuentro previo, ha dado luces de estar bastante dispuesto a traducir a civiles la en ocasiones indescifrable lógica castrense.

«Se debe a que en Sinaloa hay montañas y en Tamaulipas no», me dice con tono seco el coronel Munguía. Luego continúa explicando que en el noroeste mexicano, los grupos armados pueden refugiarse en el interminable sistema montañoso compartido entre Sinaloa, Chihuahua y Durango, conocido como «El Triángulo Dorado». Así evitan los enfrentamientos regulares entre ellos, o bien con el Ejército y los policías, mientras que en la frontera de donde yo vengo hay un valle inmenso, con uno que otro páramo, en el que no existe montaña alguna que proteja o dé resguardo a los grupos armados.

«Un militar mexicano me dijo que en Tamaulipas la policía local era la montaña del narco, y que, muchas veces también, la montaña que los protegía eran las mismas comunidades, policías locales y hasta pueblos enteros. Supongo que por eso hay más batallas en Tamaulipas que en Sinaloa», dice el coronel salvadoreño.

Después supe que el militar mexicano que le había hablado de la montaña de Tamaulipas al ministro de la Defensa de El Salvador, era el general Ricardo Clemente Vega García, secretario de la Defensa Nacional del 2000 al 2006.

VEINTICUATRO

Escribí la historia de mi tío entre viajes constantes que parecían nunca terminar y al mismo tiempo que trataba de hacer otras historias sobre lo que está ocurriendo en la frontera noreste de México, buscando entender lo que sucede ahí.

¿Cómo escribir sobre el silencio? Esa era la pregunta que tenía en la cabeza cuando pensaba en la historia de mi tío el vaquero. Esa era la misma pregunta que me hacía al pensar en la frontera noreste de México.

En una ocasión, a las cinco de la mañana, en una parada de la línea B del metro de Nueva York, una chica negra, de cuerpo musculoso y boina gris, se acomodó junto a mí en la banca del solitario andén. «This not a life for a woman», dijo y después se le salieron unas cuantas lágrimas. No supe qué decirle. No sé inglés. Con dificultad entendí lo que acababa de decir. ¿Cómo iniciar ahora una conversación que permitiera consolarla un poco?, ¿qué vida es la que no merece una mujer?, ¿qué hago para tener una conversación con ella que la alivie un poco? No supe qué hacer. Tal vez abrazarla, pero quizá eso no estaba bien. Yo no la conocía, era un extraño. ¿Y si yo hubiera entendido mal lo que me acababa de decir? Le di un silencio como respuesta. Un largo silencio que terminó cuando llegó el metro y ella se subió. Y yo también, en otro vagón.

Así traté de escribir la historia de mi tío, durante mi estancia en Nueva York, donde me topo con misterios simples, cotidianos, debido a que no *oigo* bien el lenguaje de aquí, el cual, además, tampoco puedo hablar.

A la chica de boina gris hubiera deseado decirle tan siquiera que la vida vale la pena. O algo así.

Desde Manhattan, a través de mensajes electrónicos, pedí a los escritores mexicanos Eduardo Antonio Parra, Martín Solares y Yuri Herrera, narradores del mundo fronterizo, que me recomendaran una novela sobre Nuevo Laredo o Reynosa. No se les vino ninguna a la mente. En persona hice la misma pregunta a escritores como Francisco Goldman, John Gibler y Daniel Alarcón, pero tuve la misma respuesta.

Quizá sí hay alguna novela por ahí, pero por ahora no ha sido descubierta. A diferencia de la abundante cantidad de novelas sobre Tijuana, Sinaloa, Sonora y Ciudad Juárez, todavía no se ha oído la voz de esa frontera noreste de México, incógnita, donde nacieron Los Zetas, y en la que los periódicos locales, tras una masacre de 72 migrantes en agosto del 2010, amenazados por la mafia, minimizaron la cobertura de uno de los mayores crímenes masivos en la historia reciente del país.

Por lo menos de los que hoy se sabe.

¿Por qué hay tanto silencio en la región donde Gerónimo nació y creció y viajó con relativa seguridad durante más de 30 años?

Hablé por teléfono con el corresponsal de guerra de la revista *New Yorker*, Jon Lee Anderson, un día antes de que partiera de Londres a África para atestiguar el nacimiento de un nuevo país, Sudán del Sur, y le pregunté lo mismo. Me dijo: «En Estados Unidos, y quizá en buena parte de Europa, si tú dices Tijuana, Sonora, Sinaloa o Ciudad Juárez, es muy probable que la gente tenga una idea de dónde están esos lugares, e incluso sabrán más o menos lo difícil que pasa ahí. Pero si tú dices Tamaulipas, lo más probable es que nadie sepa de qué estás hablando».

¿Por qué?

Alma Guillermoprieto fue bailarina de ballet en los años sesenta y setenta, primero en Nueva York y luego en La Habana. Después se fue a las guerras de los ochenta en Centroamérica, para empezar una carrera como periodista. En esa época escribió crónicas con títulos trágicos interminables como: «Los cuerpos arrojados en el mar de lava salvadoreño ponen de manifiesto la violencia contra civiles»; narró El Mozote, la masacre más grande del Siglo xx en Occidente: soldados salvadoreños que habían sido entrenados por asesores militares estadounidenses quemaron vivos y cortaron a machetazos a ochocientos hombres, mujeres y niños. El *Washington Post* publicó su historia en primera plana y después no hubo seguimiento alguno. Ningún editorial, ninguna cobertura en la televisión, ninguna nota en los demás periódicos. Algunos medios liberales y activistas mantuvieron la insistencia en esclarecer lo que había sucedido.

Doce años después, un equipo de antropólogos forenses argentinos fue a excavar al sitio de la matanza y documentaron las muertes, hueso por hueso.

En el siglo siguiente, septiembre de 2010, Alma, periodista consagrada que traduce América Latina para los lectores de Estados Unidos, convocó a escritores, reporteros, fotógrafos, músicos y cineastas a colaborar en un altar virtual en recuerdo del asesinato de los 72 migrantes de San Fernando. Los hombres y mujeres camino al sueño americano que fueron hallados con un tiro en la cabeza el 23 de agosto de 2010, gracias a la iniciativa de Alma, tuvieron quienes contaran sus historias en medio del páramo de silencio tamaulipeco.

Cuando lanzó el proyecto del altar al público, a través de la página www.72migrantes.com, Alma dijo en un comunicado que esto se hacía a sabiendas que no han sido sólo 72 los viajeros que han perdido la vida en su travesía rumbo a la frontera con Estados Unidos. Dijo que quizá sumen miles las víctimas cuyos huesos yacen en algún desierto, en algún galpón, sin que se vaya a saber jamás de su muerte. La idea del altar, en el cual un escritor o bien un periodista cuenta la historia de uno de los migrantes víctimas de la masacre es «abrir un pequeño espacio para su voz».

Le escribí a la antigua bailarina para pedirle que me describiera cómo se había enterado de la masacre y la forma en que había decidido tomar la iniciativa de hacer el proyecto que luego cobró forma de cápsulas de radio, libro y un altar levantado el 2 de noviembre en el patio de la comisión de Derechos Humanos del Distrito Federal.

Alma contestó:

Fue de esas ocasiones en que a uno se le fija para siempre qué es lo que estaba haciendo en el momento de. Me acababa de sentar a desayunar, que es un tiempo que disfruto, y vi el encabezado y no entendí nada. Aun para los horrores a los que estamos acostumbrados, lo que nos estaba describiendo la nota, muy a grandes rasgos, era insólitamente horrendo, arbitrario, cruel, no tanto por las torturas a las que se hubiera sometido a las víctimas, pues parece que no hubo, sino por la frialdad con la que se asesinó a gente (¡seis docenas de seres humanos!) que, por decirlo así, no tenía vela en este entierro de los narcos.

El 20 de noviembre de 2010, Elda Cantú, maestra en estudios latinoamericanos por New York University, nacida en Reynosa y encargada en ese momento del Departamento de Ciencias Sociales y Humanidades de la preparatoria del Tec de Monterrey, envió un artículo que se publicó al día siguiente en la portada de *El Norte*, el diario más influyente de la región.

El texto, una especie de grito tras efímeras noticias que hubo por el desplazamiento de cientos de personas en Ciudad Mier, recalcaba la falta de una voz propia en la región:

Los tamaulipecos no son gente que se raja, pero nuestras ciudades no tienen todavía una narrativa legítima de la violencia como la de Ciudad Juárez. Reportar sobre lo que en ellas pasa vale poco la pena porque se sabe casi nada sobre sus peligros. Y, sin embargo, son parte importante en esta historia de la guerra que todavía no sabemos calificar… Tendríamos que empezar un diálogo en torno a los errores que cometimos en la frontera para que no los repitamos en el resto del País. Tal vez el más terrible haya sido el de la indiferencia comodina. El de voltear al otro lado y callarse la boca.

Unos meses después de la publicación del artículo, Elda Cantú dejó su trabajo y emigró de Monterrey. Viajó a Perú para trabajar como editora adjunta de la revista de periodismo narrativo *Etiqueta Negra*. En Lima convive con narrativas de diversos lugares del mundo. Tal vez para volver un día y trabajar en la que tanto hace falta a la frontera donde nació.

Los asesinatos y desapariciones de estos años en la frontera noreste no serán siempre una montaña invisible, o algo que para el caso es lo mismo: una montaña de estadísticas. Hay periodistas, escritores y activistas de la región que creen que en los próximos años van a relatarse las historias y la verdad de lo que sucede aquí. Que la desmemoria no ganará.

Tras la guerra de Vietnam, tras los años del senderismo en Perú, así como en Colombia con los paramilitares, y en Ruanda después del genocidio, emergieron voces que explicaron lo que ahí había sucedido. Cuando le llegue ese momento a la frontera, se oirán voces parecidas. Se irán remembrando los hechos y se conocerá qué hubo detrás de masacres como la de 72 migrantes, en San Fernando, el 23 de agosto de 2010; así como el hallazgo de decenas de hombres y mujeres enterrados en fosas clandestinas de Tamaulipas, Coahuila y Nuevo León.

¿Y mientras tanto…? Mientras eso pasa, tal vez el silencio de esta frontera se expresa con un lenguaje críptico, a través de contraseñas que no se pueden comprender. O tal vez también, como dice el escritor Juan Villoro, no exista sistema lingüístico alguno capaz de dar cabida a tantos horrores con los que acabó el primer cuarto del siglo XXI en México.

VEINTICINCO

Tío está en la cocina y prepara Nescafé. Por la ventana no se mira ningún venado entre la neblina de las seis de la mañana. No vinieron los animales que está permitido matar en Texas, siempre y cuando seas dueño de una gran extensión de tierra, que *Tío* no posee. *Tío* tuerce un poco la boca, decepcionado. Quería que viéramos venados y los fotografiáramos. *Tío* es un texano que prefiere mirar venados, antes que dispararles con su rifle.

Tío va a sentarse al comedor. Desayuna dos cafés. Luego sale y revisa el aceite de *Van*. *Van* es una camioneta del año 98 en la que se hará el viaje a Monterrey. La dueña de *Van* es Marylú González, sobrina de *Tío* que vive en el pueblo cercano de Buda, Texas.

El viaje será en *Van* porque la Avalanche roja nueva de *Tío* no puede cruzar *Frontera*. Recorrer las carreteras del noreste mexicano en una camioneta así es asunto de alto riesgo. *Frontera* te pide en estos tiempos que no llames la atención, que bajes el perfil, que desaparezcas lo más que se pueda. Ya pasó de moda regresar a México en el trocón. La moda de ahora son las camionetas feas como *Van*. *Tío* suele cruzar *Frontera* en una fea Chevrolet Silverado blanca, cabina y media, algo raspada de los costados y que le costó ochocientos dólares. Como *Van*, la vieja Silverado es muy útil para sacarle la vuelta a *Guerra*. *Tío* estuvo buscando una Dodge porque a los grupos armados de *Frontera* tampoco les gusta robar ésas, aunque sean nuevas. Dicen que son muy lentas a la hora de que persigues a alguien o cuando te persiguen a ti. Por eso *Guerra* las deja en paz.

Tía y la manada de perros chihuahueños —excepto Dumb, que ya no sale de casa— despiden a *Tío* y a la comitiva que lo acompañamos. *Van* sale de la casa y se detiene en un McDonald's, el único sitio con internet en treinta kilómetros a la redonda. Mientras envío un mensaje electrónico sobre mi hijo a Sonora, *Tío* se queda afuera, fumando el tercer o cuarto cigarro del día, sacudiendo con delicadeza el sombrero vaquero, hecho con paja de arroz.

A las diez de la mañana, *Van* entra a la carretera, rumbo a *Frontera*. El golpe de calor veraniego llega con todo una vez que *Tío* toma el camino texano que va de San Antonio a Laredo. La temperatura de Laredo es de casi cuarenta grados. *Tío* conduce a ciento veinte kilómetros por hora y no hay aire acondicionado. *Van* es un sauna en movimiento.

A *Tío* le gusta conducir rápido. Un día, en otra carretera de *Frontera*, fue detenido por un policía federal.

—El señor no oye y no habla —se adelantó a decirle Carlos, cuñado de *Tío*, al agente que se acercó a la ventana del conductor.

—Híjole, ¿es sordomudo el señor? Mmm… No oirá, pero bien que le pisa al acelerador.

Laredo recibe a *Van* con un interminable paisaje de casas de cambio que anuncian en sus pizarras que la compra de dólares está hoy en 11.10 pesos, y la venta en 11.60. *Van* hace una breve escala en un Walmart para conseguir un Minisplit que le pidió a *Tío* una sobrina, para combatir los calores de Monterrey. Al salir del estacionamiento, una mujer atraviesa su Cavallier sin precaución alguna. *Tío* frena rápidamente y luego toca el claxon un par de veces. Ahora reanuda la marcha.

En la aduana estadounidense, el agente de migración pide sus papeles a *Tío*. *Tío* se los da y no hay mayor diálogo.

Hay trámites de *Frontera* para los que no hace falta hablar. *Van* cruza el puente internacional. El aire sigue caliente, una tanqueta militar y el olor a chile recibe a *Tío*, junto con el letrero: Bienvenido a Nuevo Laredo.

Van gira una calle a la izquierda, avanza por una avenida a la orilla del río Bravo algunos kilómetros, hasta un cruce de semáforos, ahí da vuelta a la derecha y abandona el centro de Nuevo Laredo para llegar a la salida de la ciudad, inconfundible por los cementerios de chatarra automotriz llamados «yonkes». Nuevo Laredo queda atrás, ahora hay un paisaje carretero. Mezquites y tierra a los lados, y una línea recta, donde *Guerra* es quien da la bienvenida, con un retén militar. El soldado pregunta con voz ronca a *Tío*: ¿Adónde van?, ¿de dónde vienen? *Tío* hace señas y su sobrina Marylú le dice que el conductor no escucha ni habla. El militar se le queda viendo a *Tío*, hace una mueca indescifrable y dice que continúe. *Van* avanza por *Frontera*. *Tío* comenta el reciente hallazgo de decenas de personas enterradas en fosas clandestinas; supuestamente cuerpos de pasajeros de autobuses asesinados por *Guerra*.

Unos kilómetros adelante, *Van* se detiene en una casa destechada que es una vulcanizadora. Hay una hilera de dieciséis tráileres estacionados en esa misma orilla elegida por sus conductores para detener un rato la marcha y estirar los músculos. *Van* tiene ahora sus llantas con el aire bien calibrado. Se oye la laringe prodigiosa de Don Wasler. Suena country texano a través de la frecuencia de una radio de *Frontera*.

Tío quiere parar a comer en un restaurante carretero a la altura de Sabinas Hidalgo, el pueblo donde nació Guadalupe, su padre. El lugar se llama Oasis y suele tener buena carne y precios normales. *Tío* llega al restaurante Oasis y ve un autobús saliendo en reversa del solitario estacionamiento. Se da cuenta de que el sitio ya cerró. El Oasis desapareció. Más adelante, en la autopista de cuota, encuentra otro lugar abierto para comer, el único de por aquí que *Guerra* no ha clausurado. Se llama La Bamba. Durante la comida, *Tío* ya no habla de personas desaparecidas o asesinadas. Mira un partido de México contra Ecuador que pasan en el televisor, aunque le aburra el futbol. Come tacos de carne asada y un queso fundido que parece crema. Vasos grandes con hielo y refrescos de ponche. Muchas tortillas de harina, pequeñas y gruesas, típicas de *Frontera*.

Antes de subirse a *Van* para continuar el viaje a Monterrey, que ya está a unos cien kilómetros de aquí, *Tío* prende un cigarro y cuenta del día en que le miró los ojos a *Guerra*: un convoy con personas armadas pasó junto a él en una brecha perdida cerca de su rancho en Los Ramones. *Tío* dibuja con la mano en el aire la última letra del abecedario español para decir quiénes eran los del convoy. Ese día iba montado a caballo y ellos no pararon la marcha cuando pasaron junto a él, lo ignoraron por completo. El caballo se levantó un poco, alterado por el paso de las ocho camionetas rompiendo el silencio de *Frontera*. Seguramente el caballo también hizo un ligero relinchido.

MATERIAL DE LECTURA CONTEXTUAL

Recopilación de material histórico y de contexto sobre los sordos en México

José Martí visitó la Escuela de Sordos de México en 1875 y escribió un artículo de lo que observó ahí dentro. Fue publicado en la *Revista Universal*. Entre sus líneas dice «El sordomudo enseñado es la obra tenaz de lo tierno». También las reflexiones hechas por Édouard Huet y Benito Juárez, quienes son considerados los dos personajes más importantes en la historia de la educación de los sordos en México. He realizado seguimiento a Seña y Verbo, una compañía mexicana que busca a través del teatro que la lengua de signos tenga mayor reconocimiento en el mundo. Una de sus obras es *¡¿Quién te entiende?!*, basada en testimonios reales de sordos. Como parte de esta documentación, he visto la película *Querido maestro*, Estados Unidos, 1995, la cual trata de un músico que tiene un hijo sordo al cual le compone una sinfonía. Un material importante ha sido el que se considera el primer libro escrito por un sordo, un tratado dedicado principalmente a defender su derecho a ser educados en lengua de señas. Su autor fue el francés Pierre Desloges, quien quedó sordo a consecuencia de la viruela a los siete años de edad.

Otras historias periodísticas de las que también he permanecido atento son las Uriel Gayzott Ramírez, un joven mexicano de 23 años, quien inspirado en su hermano sordo, ideó un chat para sordos el cual quedó como finalista de un concurso organizado por Microsoft, o bien una historia reciente publicada en *The New York Times,* donde se cuenta la historia de José Gutiérrez, un mexicano sordo que se dedica ahora a limpiar la Estatua de la Libertad después de haber vivido como esclavo e ilegal en Estados Unidos.

Otras notas de las cuales he recopilado información son las de Taurino Ortega, un futbolista mexicano sordo, que ha dado a México dos Campeonatos Panamericanos para Sordos, así como también la de Ádám Kósa, un sordo húngaro que actualmente es eurodiputado.

Veo una voz, de Oliver Sacks y los ensayos sobre el lenguaje de señas hechos por Noam Chomsky, fueron fundamentales también.

Un vaquero cruza la frontera en silencio de Diego Enrique Osorno González
se terminó de imprimir en junio de 2017
en los talleres de
Litográfica Ingramex, S.A. de C.V.
Centeno 162-1, Col. Granjas Esmeralda, C.P. 09810
Ciudad de México.